DE L'ATTENTION

*Réflexions sur le bon usage
des études scolaires
en vue de l'amour de Dieu*

SIMONE WEIL

DE L'ATTENTION

Réflexions sur le bon usage
des études scolaires
en vue de l'amour de Dieu

Préface de Jean Lacoste

BARTILLAT
2, rue Crébillon, 75006 Paris

Ce texte de Simone Weil a paru pour la première fois
dans le recueil *Attente de Dieu* (La Colombe, 1950).

© 2018, Éditions Bartillat.
www.editions-bartillat.com
ISBN : 978-2-84100-658-8

Préface

« L e mépris est le contraire de l'attention[1]. » Admettons l'idée qu'il existe pour un philosophe deux modalités d'expression de sa pensée : la construction patiente d'un système, espace

---

1. Simone Weil, *Œuvres complètes*, IV. *Écrits de Marseille*, vol. 1 (1940-1942), édition de Robert Chenavier, Gallimard, Paris, 2008, p. 296.

labyrinthique dans lequel l'esprit historique aime à se perdre, ou bien la formulation fulgurante, simple mais énigmatique en même temps, qui se charge au fil des temps d'interprétations diverses, parfois contradictoires. On songe notamment aux textes de Wittgenstein, de Walter Benjamin et en particulier de Simone Weil (1906-1943).

Peu nombreux sont les textes qui ont le pouvoir de modifier le regard que l'on porte sur les activités que poursuivent les hommes et les valeurs qu'ils défendent. Peu nombreux les textes qui, dans la simplicité même de leur formulation, peuvent bouleverser vos certitudes (ou vos convictions) sur l'éducation, la conversion, la force et le rôle des mathématiques élémentaires. Les «réflexions sur le bon usage des études scolaires en vue de l'amour de Dieu» de Simone Weil font partie de ces textes et l'on pourrait en dire, toutes proportions gardées, ce que Simone Weil dit elle-même du

« Notre père » : « Il est impossible de prononcer [cette prière] une fois en portant à chaque mot la plénitude de l'attention, sans qu'un change-ment peut-être infinitésimal, mais réel, s'opère dans l'âme. » Et le maître mot, ici, est l'attention.

Ces réflexions, malgré toute l'autorité qui s'en dégage, pour ainsi dire, naturellement, ne sont ni le fruit d'un cours universi-taire, ni un article publié dans une revue, ni l'extrait d'un livre. Elles ne comportent presque pas de références : l'une à une légende de la culture inuit, rapportée par un célèbre explorateur danois, Knud Rasmussen, dans *Du Groenland au Pacifique* (Plon, 1929), et l'autre à la légende «druidique» du Graal et de Perceval interrogeant Amfortas, le chevalier malade. Avec en sus plusieurs références discrètes mais omniprésentes aux Évangiles[1], en particulier à Luc, 17, 8 sur l'esclave

---

1. Simone Weil, *Œuvres complètes*, IV. *Écrits de Marseille*, vol. 1 (1940-1942), édition de Robert Chenavier, Gallimard, Paris, 2008, p. 255 et suiv.

qui attend son maître. Aucune érudition. Ces « réflexions » ne sont rien d'autre que quelques remarques jetées sur le papier en mai 1942 à destination d'un dominicain presque aveugle que Simone Weil avait rencontré à Marseille. Ce sont, en apparence, des conseils pratiques, mais qui ont l'ambition affichée de faire de l'éducation un sacrement.

Nous devons ici faire un moment d'arrêt et lever deux obstacles qui peuvent nous entraver dans notre lecture. Nous devons trouver, si nous pouvons dire, le « bon usage » de ce texte (on sait que l'expression vient de Pascal et son essai sur le « bon usage » des maladies) en évitant deux écueils.

Il faut tout d'abord éviter de croire que l'on puisse prendre vraiment la mesure de ce texte en le replaçant dans son contexte historique (celui de la France vaincue, humiliée et divisée de 1941-1942) et dans un destin individuel (celui d'une élève d'Alain, normalienne, agrégée de philosophie, juive malgré elle, obsédée par la nécessaire solidarité avec le malheur, interpellée par le fait religieux). De cette situation et de ce destin, nous dirons quelques mots, parce qu'ils peuvent mettre ce texte dans l'éclairage qui convient, et pour « purger » cette question, comme disent les juristes. Mais la biographie n'épuise pas ce texte.

Autre obstacle : une trop raide actualisation. Il est question de l'attention, de l'attente, de la patience, autant de positions et d'attitudes, de «vertus» qui sont en contradiction directe avec l'existence moderne. Nous n'en sommes plus à «l'homme pressé» de Paul Morand: plutôt au «tout tout de suite» de l'*homo electronicus* qui s'impatiente de tout retard de quelques secondes, de nanosecondes, devant son écran, qui vit dans le «zapping» permanent et la poursuite du «buzz» sur Internet; nous en sommes aux psychologues qui diagnostiquent chez les jeunes enfants et les puissants de

17

ce monde une *short attention span*,
une « durée d'attention limitée » ;
nous en sommes à l'âge des brèves
lectures et des écoutes flottantes.
Tout cela est vrai et inquiétant,
et il est exact aussi que le texte si
« inactuel » de Simone Weil nous
apprend également à retrouver la
vraie valeur de l'attention, dans ses
différents degrés, et à lui redonner
sa place dans une certaine vision
exigeante de l'éducation et dans la
redécouverte de la longue durée et
de l'instant présent.

Mais à condition de prendre en considération l'autre élément du titre : il s'agit bien définir le « bon usage » des études scolaires, mais « en vue de l'amour de Dieu ». L'intention religieuse, voire mystique, de ces réflexions est incontestable, et ce serait un péché (contre l'Esprit) que de ne pas en tenir compte pour n'en garder que quelques conseils pratiques de bon sens (tenir compte des corrections du professeur…). Pour Simone Weil, ce qui est en jeu ici

n'est rien de moins que le salut :
« Désirer Dieu et renoncer à tout
le reste, c'est cela seul qui sauve »
écrit-elle dans un essai de la même
époque sur les « Formes de l'amour
implicite de Dieu[1] ». De fait les
références au christianisme et aux
Évangiles sont claires. Mais la
religion si personnelle de Simone
Weil est-elle vraiment compatible
avec le catholicisme dont elle se

---

1. Simone Weil, *Œuvres complètes*, IV. *Écrits de Marseille*, vol. 1 (1940-1942), édition de Robert Chenavier, Gallimard, Paris, 2008, p. 324.

sent très proche? C'est la question qui est à l'arrière-plan de ces « réflexions » et que la promotion de l'attention doit résoudre.

Revenons un instant sur les circonstances de l'écriture de cet essai, en sachant qu'elles n'apportent qu'une lumière limitée.

On connaît de Simone Weil tant de facettes : la fidèle disciple d'Alain, la normalienne indocile, l'enseignante du Puy, d'Auxerre et de Roanne, l'intrépide militante syndicale, l'analyste lucide de l'Allemagne nazie, l'amie de Georges Bataille, « l'anarchiste » de la guerre d'Espagne, l'ouvrière épuisée de l'usine Alsthom. Dès 1934, exposée à d'incessants maux de tête, elle est en congé presque permanent de l'enseignement et lit beaucoup, des livres d'histoire sur le Moyen Âge et les Temps modernes, comme les classiques de la sagesse orientale ; elle lit aussi l'Ancien Testament et cette lecture nourrit son « antijudaïsme » :

il y a tant de violences, tant de cruauté dans ce Livre qu'elle ne se reconnaît pas dans la religion de l'Ancien Testament. En même temps les préoccupations religieuses occupent à cette époque une place de plus en plus centrale dans sa pensée, sous la modalité particulière qui est la sienne : un voyage au Portugal en 1935 la conforte dans la certitude que « le christianisme est par excellence la religion des esclaves et que des esclaves ne peuvent pas ne pas y adhérer, et moi parmi les autres ». Expérience qui s'affermit lors d'une visite à Assise en 1937 – « quelque chose de plus fort que moi m'a obligée pour la première fois de ma vie à me mettre à genoux[1] » – et dix jours à Solesmes en 1938 où elle suit la messe de Pâques subjuguée par la beauté du chant grégorien : malgré

---

1. Simone Weil, *Œuvres*, éd. établie sous la direction de Florence de Lussy, « Quarto », Gallimard, 1999, p. 770 (« Autobiographie spirituelle », 14 mai 1942).

ses migraines «un extrême effort
d'attention [lui] permettait de sortir hors de cette misérable chair».

Mais vient la guerre : en juin
1940, Simone et ses parents
quittent Paris « ville ouverte »,
avant l'arrivée des Allemands, par
un dernier train, et s'installent à
Marseille en zone dite « libre ».
Simone Weil prend contact rapide-
ment avec Jean Ballard et l'équipe
des *Cahiers du Sud* qui publient
dès décembre 1940 l'important
essai « L'*Iliade* ou le poème de la

force » ; elle va notamment contri-
buer à un numéro spécial (mars
1942) consacré au « Génie d'Oc »,
« En quoi consiste l'inspiration
occitanienne » ; elle commence
également à jeter les notes qui
alimenteront les exceptionnels
Cahiers de Marseille et qui sont
remarquables désormais par l'in-
tensité de la réflexion sur la religion, sachant que Simone Weil,
pour sa part, se réclame, comme
elle le dit dans sa lettre insolente
au ministre à propos du statut des

Juifs, « d'une tradition chrétienne française hellénique » et non de la « tradition hébraïque ». Difficile question que celle du rapport de Simone Weil au judaïsme...

Si elle suit les travaux de la Société d'études philosophiques animée par Gaston Berger, elle fréquente les milieux catholiques de Marseille dont Pierre Honnorat et sa sœur Hélène, qui lui font connaître le père Joseph Marie Perrin, O. P. : un dominicain à demi aveugle, à la vie ascétique, comme celle de Simone, d'une grande capacité d'écoute et d'une extrême douceur, avec lequel elle peut discuter en toute liberté des points de la foi et du dogme. C'est grâce à lui qu'elle peut aussi, comme elle le souhaitait, travailler comme ouvrière agricole chez Gustave Thibon, en Ardèche, et participer aux vendanges dans le Gard. De retour à Marseille, elle commente les textes grecs au couvent des Dominicains, ce qui donnera plus tard la matière des publications posthumes *La Source grecque* et *Intuitions préchrétiennes* dans la collection « Espoir » de Camus. Partant de ces questionnements, de ces débats, dans un climat de confiance, lors d'entretiens répétés, le père Perrin va peu à peu lui proposer de franchir un pas qui lui semble naturel, celui du baptême.

Simone Weil, qui prend très au sérieux cette démarche, n'en expose pas moins les obstacles qui se trouvent devant elle, et dont rien ne pourra la persuader de ne pas en tenir compte. Elle y reviendra lors d'une visite à Joë Bousquet à Carcassonne, en mars 1942, lors également de rencontres avec des dignitaires de l'Église, un peu bousculés par ces interrogations insistantes et qui ne sont pas loin de voir en elle une hérétique. C'est donc à cette période, lors de ce séjour à Marseille, marqué par tant d'incertitudes personnelles et historiques qu'elle rédige cet ensemble de textes essentiels qui deviendront *La Pesanteur et la grâce* et *Attente de Dieu*, ensemble au sein duquel figurent en bonne place les « Réflexions sur le bon usage des études scolaires en vue de l'amour de Dieu ». C'est un des tout derniers textes qu'elle confie au père Perrin, alors qu'il est appelé à prêcher devant des étudiantes catholiques de Montpellier, au moment où elle-même embarque avec ses parents pour New York.

Comme elle l'expose dans sa longue lettre au père Perrin du

14 mai 1942, qu'elle qualifie d'« autobiographie spirituelle », l'obstacle majeur qu'elle rencontre dans son interrogation sur la possibilité d'un baptême est la question de l'*anathema sit*, de l'anathème, de la condamnation, c'est-à-dire l'idée qu'en dehors de l'Église (catholique) il n'y a pas de salut. Cette idée qui rejette la majeure partie de l'humanité – conception aujourd'hui abandonnée, semble-t-il, depuis Vatican II – est insupportable à Simone Weil

qui se sent nourrie par toute une tradition immémoriale du salut des justes venue de plusieurs origines, de l'Inde avec la *Bhagavad-Gita* qu'elle lit au printemps de 1940, de l'Égypte (avec le *Livre des morts*, « imprégné de charité évangélique[1] »), de la « source grecque » qui demeure la révélation majeure, et du christianisme dans sa formulation la plus évangélique,

---

1. Simone Weil, *Lettre à un religieux*, dans *Œuvres*, éd. établie sous la direction de Florence de Lussy, « Quarto », Gallimard, 1999, p. 987.

celle de saint François d'Assise. Une tradition qui, à ses yeux, s'oppose radicalement à la pensée juive de l'Ancien Testament dont elle critique la complaisance envers la violence, comme elle l'expose encore dans la *Lettre à un religieux*[1] de 1942, contemporain donc des « Réflexions ».

Elle se sent socialement et spirituellement solidaire de la masse

---

1. Simone Weil, *Lettre à un religieux*, dans *Œuvres*, éd. établie sous la direction de Florence de Lussy, « Quarto », Gallimard, 1999, p. 985.

de tous ceux, esclaves de la nécessité, qui ont été dans l'histoire, et
sont par la force des choses, en
dehors de l'Église. Tout en adhé-
rant sans difficulté aux dogmes
comme l'Eucharistie et la Trinité,
elle revient sans cesse, dans son
questionnement insistant du père
Perrin et d'autres dignitaires, sur
ce scandale de la tradition abandonnée, reniée, oubliée. Une tradition qui a trouvé, selon elle, sa
plus belle manifestation dans l'art
roman et surtout la civilisation

occitane du XIIe siècle, dans la poé-
sie et la pensée des troubadours
toulousains, civilisation détruite
lors de la croisade des Albigeois.
Le fait que le père Perrin ait été
dominicain donnait un tran-
chant particulier à ces discussions,
compte tenu du rôle sanglant de
son ordre dans cette « croisade ».

Au cœur de cette tradition
abusivement qualifiée de « pré-
chrétienne », de cette révélation spirituelle universelle dont
Simone Weil se réclame se trouve

la notion de passage, de pont, de continuité du sacré, de nécessaire médiation entre le profane et le religieux, entre la vie spirituelle et la vie quotidienne, entre la sagesse et le travail. Comment montrer à ceux qui se trouvent dans le « malheur » – condition indépassable de l'homme soumis à la matière, à la nécessité, au travail – qu'il existe une voie exigeante mais réelle vers la sagesse ? Comme elle l'écrira dans *L'Enracinement*, « notre époque a pour mission

propre, pour vocation la consti-
tution d'une civilisation fondée sur
la spiritualité du travail[1] ».

Qu'est-ce qui va servir ainsi de
médiation ? L'attention. Très jeune
Simone Weil a fait de l'attention
la question cardinale. À qua-
torze ans, confie-t-elle au père
Perrin dans son « Autobiographie
spirituelle », « après des mois
de ténèbres intérieures j'ai eu

1. Simone Weil, *L'Enracinement*, dans *Œuvres*,
éd. établie sous la direction de Florence de Lussy,
« Quarto », Gallimard, 1999, p. 1085.

soudain et pour toujours la certitude que n'importe quel être
humain, même si ses facultés
sont presque nulles, pénètre dans
ce royaume de la vérité réservé
au génie, si seulement il désire la
vérité et fait perpétuellement un
effort d'attention [je souligne J.L.]
pour l'atteindre[1] ». La notion
d'attention que l'on retrouve
aussi dans les notes de cours de

---

1. Simone Weil, *Œuvres*, éd. établie sous
la direction de Florence de Lussy, « Quarto »,
Gallimard, 1999, p. 769.

ses années d'enseignement au Puy et à Roanne, sera bien la clef de sa conception à la fois profondément spirituelle et résolument démocratique de ce que peuvent être l'enseignement et le travail, intellectuel et manuel, et toute œuvre authentique.

Dans « Condition première d'un travail non servile », un des textes majeurs du séjour à Marseille, repris par la suite dans *La Condition ouvrière*, Simone Weil précise déjà quelle est selon elle la vraie finalité des «exercices scolaires»: «Les exercices scolaires n'ont pas d'autre destination sérieuse que la formation de l'attention.» En effet, «l'attention est la seule faculté de l'âme qui donne accès à Dieu. La gymnastique scolaire exerce une attention inférieure, discursive, celle qui raisonne. Mais menée avec une méthode convenable, elle peut préparer l'apparition dans l'âme d'une autre attention, celle qui est la

plus haute, l'attention intuitive. »
Dans sa pureté, l'attention intuitive « est l'unique source de l'art
parfaitement beau, des découvertes
scientifiques vraiment lumineuses
et neuves, de la philosophie qui va
vraiment vers la sagesse » et « de
l'amour du prochain vraiment
secourable ; et c'est elle qui,
tournée directement vers Dieu,
constitue la vraie prière[1] ».

1. Simone Weil, « Condition première d'un
travail non servile », dans *Œuvres complètes*, IV.1,
p. 426 et suiv.

Le texte de mai 1942 ne reprend pas la distinction entre ces deux attentions ; il met en valeur une seule et même faculté de l'âme, une même capacité de l'attention à mener vers Dieu. Dans sa vraie nature l'attention relève moins de la psychologie ou de la sociologie que de la métaphysique, car, dans son « bon usage », elle est, rappelons-le, « en vue de l'amour de Dieu ». Elle ne relève pas de la quête de la performance et du succès à tout prix ; l'échec y a sa part, et elle s'oppose notamment à la volonté, aux efforts de nature pour ainsi dire musculaires de celui qui veut se concentrer : « la volonté n'a de prise que sur quelques mouvements de quelques muscles[1] », alors que l'attention est une forme de « supplication intérieure » qui, « à son plus haut degré est la même chose que la prière ». « L'attention absolument

---

1. Simone Weil, *La Pesanteur et la grâce*, Plon, 1948, p. 118.

sans mélange est prière » dit-elle
également. « L'effort musculaire
du paysan – écrit-elle, en choi-
sissant une image caractéristique
de « Formes de l'amour implicite
de Dieu[1] » – arrache les mauvaises
herbes, mais le soleil et l'eau font
seuls pousser le blé. La volonté
n'opère dans l'âme aucun bien. »

Et cette attention n'est pas
une « recherche ». Simone Weil
résume sa pensée à ce sujet dans

---

1. Simone Weil, *Œuvres complètes*, IV.1, p. 323.

une formule qui paraîtra terrible-
ment paradoxale : « La recherche
mène à l'erreur[1]. » La recherche,
en quelque domaine que ce soit,
se donne en effet des méthodes et
des règles « pour la direction de
l'esprit » – c'est l'héritage cartésien
qui insiste sur la méthode – alors
que l'attention doit presque devenir un phénomène inconscient
qui échappe à la réflexion et qui
est entièrement tourné vers son

---

1. Simone Weil, *Œuvres complètes*, IV.1, p. 325.

objet : « quand on fait attention à l'attention, on ne fait plus du tout attention[1]. » Ce qui donne à penser quant au choix par Simone Weil d'un titre comme « réflexions », qui traduit chez elle une forme presque impalpable d'hésitation.

L'attention consiste plutôt à faire le vide et à chasser les faux dieux et les idoles, à arracher les « mauvaises herbes », dans l'attente

---

1. Simone Weil, *Œuvres complètes*, I, p. 392 (cours du Puy).

d'une présence de Dieu qui reste malgré tout hypothétique. Aussi n'est-ce pas un hasard si l'attention se présente d'abord comme une attente dans le vide et, en dépit de tout, comme une espérance sans garantie. « Attente, attention, silence, immobilité à travers la souffrance et la joie[1]. » Il s'agit surtout de maintenir une certaine orientation de la pensée, vers un Dieu qui semble à fois,

---

1. Simone Weil, *Œuvres complètes*, IV.1, p. 323.

dans la pensée de Simone Weil, très proche et très lointain et qui doit beaucoup au Dieu des stoïciens grecs. D'où des formules saisissantes comme : « Si nous regardons longtemps le ciel Dieu descend et nous enlève[1]. »

Simone Weil accorde (notamment lors des discussions avec Gustave Thibon) une valeur et une saveur particulières à un terme du Nouveau Testament en grec (Luc,

---

1. Simone Weil, *Œuvres complètes*, IV.1, p. 323.

8, 15): *hupomoné*, terme qui peut se traduire par persévérance ou constance. La Vulgate de saint Jérôme traduit en latin par *patientia*, mais il s'agit de quelque chose de plus fort et de plus douloureux que la simple patience : c'est la persévérance du pèlerin qui surmonte les difficultés de la route, celle du chrétien qui ne perd pas espoir au sein des persécutions. Ce sont elles « qui porteront des fruits », plus tard, et sans qu'il soit fait aucune activité : « l'attitude qui opère le salut ne ressemble à aucune activité[1]. » Ceux qui opèrent ainsi ont confiance dans le résultat mais ce résultat, ce « fruit » – c'est le point qui séduit Simone Weil – ne sera pas nécessairement celui qui était escompté. « Seul ce qui est indirect est efficace[2]. » Le fruit sera là, imprévu et pourtant offert : une « récompense extérieure[3] ».

---

1. Simone Weil, *Œuvres complètes*, IV,1, p. 324.

2. Simone Weil, *La Pesanteur et la grâce*, Plon, 1948, p. 119.

3. Simone Weil, *La Pesanteur et la grâce*, Plon, 1948, p. 119.

L'*hupomoné* sera pour Simone Weil le nom grec de l'attention[1].

Les textes d'inspiration religieuse que Simone Weil rédige pour le père Perrin, qu'elle lui soumet, lors de cette année à Marseille, les « Réflexions sur le bon usage des études en vue de l'amour de Dieu », mais aussi les « Réflexions sans ordre sur l'amour de Dieu », les « Pensées sans ordre concernant l'amour de Dieu »,

---

1. Simone Weil, *Œuvres complètes*, IV.1, p. 324.

les « Formes de l'amour implicite de Dieu », « L'amour de Dieu et le malheur », rassemblés par le père Perrin en 1950 dans *Attente de Dieu*, sont l'expression d'une conception très singulière de « l'amour de Dieu » qui plonge ses racines dans le christianisme des Évangiles, mais aussi et surtout dans la « source grecque » et dans la tradition des « religions non hébraïques » (égyptienne, indienne, etc.). Ils constituent une tentative de syncrétisme très personnel, pour ne pas dire hérésiarque, qui conduit Simone Weil à des spéculations parfois aventureuses sur l'histoire des religions[1]. Aucun de ces textes n'est véritablement une œuvre achevée, prête à l'édition : il est manifeste que Simone Weil s'efforce ici de clarifier une vision de Dieu qu'elle veut arracher à la conception théologique issue de

---

1. Par exemple «Les trois fils de Noé et l'histoire de la civilisation méditerranéenne», et «Note sur les relations primitives du christianisme et des religions non hébraïques», dans Simone Weil, *Œuvres complètes*, IV.1, p. 375 et suiv.

l'Ancien Testament, d'un Dieu vengeur, cruel et justicier. Et c'est en cela qu'elle nous touche, par ce libre mysticisme aux multiples conséquences, les plus simples comme les plus secrètes.

Il s'agit, pour l'être, de faire œuvre paradoxalement créatrice par l'attente et l'attention comme l'esclave qui attend son maître sans quitter son poste (Luc, 17, 8), sans intervention de la volonté. Une œuvre qui passe donc par le renoncement (aux « faux dieux » et aux illusions) : il faut renoncer à se croire le centre du monde[1] et accepter cette fondamentale blessure narcissique dont parle aussi Freud. Ce renoncement à soi, qui se nourrit en fait du plus pur stoïcisme (celui des Grecs) prend la forme d'un consentement au monde, d'un acquiescement à la nécessité, à la pesanteur du réel. Mais, selon un étrange renversement, c'est alors que « l'amour de

1. Simone Weil, *Œuvres complètes*, IV.1, p. 300.

Dieu» intervient, mystérieusement. Non pas l'amour qui va vers Dieu, mais aussi l'amour venu de Dieu lui-même. « L'amour de Dieu », dont il est si souvent question dans ces « réflexions » de Marseille, n'est en effet pas celui qui va de la créature à Dieu, mais celui que manifeste Dieu quand il répond au désir de l'homme. Le désir sera satisfait, comme si Dieu ne pouvait pas dire non. C'est le thème emprunté aux Évangiles selon lequel on ne donnera pas des pierres à qui demande du pain, mais c'est peut-être aussi une conception peut-être plus profondément juive que ne le peut admettre Simone Weil et qui veut, chez Walter Benjamin par exemple, que l'espérance soit donnée à qui précisément tout espoir est ôté[1].

Simone Weil, forte de son expérience du travail en usine, engage à cette époque une réflexion sur l'opposition entre travail manuel

---

1. Florence de Lussy, dans le même esprit, renvoie à Martin Buber (*Œuvres*, p. 984).

et travail intellectuel et sur les moyens de libérer et d'ennoblir le premier. Elle a certes conscience des obstacles que le « long travail quotidien » de l'ouvrier oppose au développement de l'attention créatrice : « dans aucune société celui qui manie une machine ne peut exercer la même espèce d'attention que celui qui résout un problème[1]. » Mais « l'un et l'autre, le

---

1. Rappelons que son frère André est souvent considéré comme un mathématicien de génie.

travailleur manuel et le travailleur intellectuel, peuvent (…) en exerçant chacun l'espèce d'attention qui constitue son lot propre dans la société, favoriser l'apparition et le développement d'une autre attention située au-dessus de toute obligation sociale et qui constitue un lien direct avec Dieu ». Formule étonnante qui laisse penser qu'on puisse ainsi transfigurer le travail manuel (de l'artisan), les versions latines (du lycéen), comme les travaux des champs du paysan en propédeutique de la prière qui donne accès à Dieu.

Simone Weil peut surprendre et s'exposer à l'accusation de naïveté quand elle recommande l'organisation de fêtes et des voyages pour rendre le travail manuel plus riche en «joies gratuites», mais sa critique du travail n'en demeure pas moins radicale et d'une éclatante actualité : « le pire attentat, celui qui mériterait peut-être d'être assimilé au crime contre l'Esprit, qui est sans pardon, s'il n'était probablement commis par des inconscients, c'est l'attentat contre l'attention des travailleurs. » Cette attention, bien sollicitée, peut conduire à Dieu, à « l'amour de Dieu ». Or « la basse espèce d'attention exigée par le travail taylorisé (…) vide l'âme de tout ce qui n'est pas le souci de la vitesse ». La conclusion est sans appel : « ce genre de travail, il faut le supprimer[1]. » Si le « travail taylorisé » a

---

1. Simone Weil, *Œuvres complètes*, IV.1, p. 323.

pris d'autres formes aujourd'hui, la nécessité de « faire vite » en multipliant les tâches demeure, avec la même offense à l'attention.

Simone Weil a donné à la situation de l'être humain qui se trouve oublié de l'amour de Dieu et réduit à l'esclavage, un nom tout simple, mais qui semble lourd de bien des souffrances et bien des douleurs : le malheur. Tout en se voulant une pensée du désir et même du désir satisfait, de la joie même, la pensée de Simone

Weil est une métaphysique de la douleur, qui s'enracine dans l'expérience concrète du travail. Le travail est toujours celui d'un esclave, dépourvu de finalité et d'intention, de sens[1]. « C'est parce que le renoncement à être une personne fait de l'homme le reflet de Dieu qu'il est affreux de réduire les hommes à l'état de matière inerte en les précipitant dans le malheur[2]. »

---

1. Simone Weil, *Œuvres complètes*, IV.1, p. 311.
2. Simone Weil, *Œuvres complètes*, IV.1, p. 313.

Pour Simone Weil, le malheur est d'abord un «déracinement[1]» : aussi est-ce en réfléchissant à un nouvel «enracinement» qu'elle plaidera à Londres pour une «civilisation nouvelle» ; le malheur est un exil en apparence sans fin, comme l'errance d'Ulysse loin de sa patrie[2].

Face au malheur, il reste la solidarité. L'orientation vers Dieu, si absolue, mais si incertaine, ne

---

1. Simone Weil, *Œuvres complètes*, IV.1, p. 311.
2. Simone Weil, *Œuvres complètes*, IV.1, p. 311.

doit-elle pas devenir en priorité l'orientation vers autrui, comme forme implicite de l'amour de Dieu ? « L'attention est la forme la plus rare et la plus pure de la générosité », écrira Simone Weil dans sa dernière lettre à Joë Bousquet, le 13 avril 1942, plaçant ainsi la question de l'attention sur un plan éthique. Aimer son prochain comme soi-même : Simone Weil prête une attention particulière à ce commandement de la charité que le Christ expose avec la parabole du bon Samaritain (Luc, 10, 29-37), car, dit-elle, dans les *Cahiers de Marseille*, « quiconque aime le prochain comme lui-même, même s'il nie l'existence de Dieu, aime Dieu[1]. » Formule d'autant plus importante pour Simone Weil que le voyageur de la parabole, qui accepte de porter secours à l'homme attaqué et ensanglanté au bord du chemin, qui n'hésite pas à porter

---

1. Simone Weil, *Œuvres complètes*, VI.2, p. 390 (Cahier 6).

attention à son « prochain » (tandis que deux religieux orthodoxes passent sans vouloir se souiller de son sang) appartient à ce peuple des Samaritains qui participe à ses yeux de cette sagesse universelle des Celtes, des Égyptiens, des cathares etc. que retrouve le christianisme le plus pur. « Les Samaritains étaient à l'ancienne Loi ce que les hérétiques sont à l'Église[1]. »

---

1. Simone Weil, *Lettre à un religieux*, *Œuvres*, p. 998.

Attendre et recevoir l'amour
créateur de Dieu, rompre ainsi
les entraves du malheur : c'est
une ambition, peut-être exces-
sive, réservée aux mystiques, et
qui ne dépend en tout cas pas de
la volonté de chacun. Nous vivons
sous le règne de la nécessité, de
la matière inerte, du mécanisme.
Mais cette théorie de l'attention
offre une leçon psychologique et
spirituelle, éthique et pratique, qui
repose sur un intrigant paradoxe.
Simone Weil donne un conseil

audacieux à qui voudrait faire «bon usage» de ses études et de ses apprentissages : ne pas chercher les recettes et les « trucs » pour accroître la performance, ne pas chercher à trouver avec une naïve contention la solution reçue. Au contraire faire le vide, laisser l'attention se mettre dans une disposition d'esprit d'attente, laisser la pensée trouver la solution au problème qu'elle n'avait pas perçu dans sa vraie nature. Nos efforts seront récompensés, mais indirectement, plus tard, à l'improviste. C'est précisément quand, sans en prendre conscience, la pensée arrache « les mauvaises herbes » que l'eau et le soleil venus du Ciel font pousser les plantes qu'on voulait vainement « forcer ». En attendant, il nous reste à pratiquer une « gymnastique » à la finalité mystérieuse.

« La prière n'étant que l'attention sous sa forme pure et les études constituant une gymnastique de l'attention, chaque exercice scolaire doit être une réfraction de la vie spirituelle. (...) Une certaine manière de faire une version latine, une certaine manière de faire un problème de géométrie (...) constituent une gymnastique de l'attention propre à la rendre plus apte à la prière[1]. »

Voilà certes une pédagogie incertaine de ses effets, de ses méthodes, de ses résultats et de

---

1. Simone Weil, *La Pesanteur et la grâce*, Plon, 1948, p. 122.

ses évaluations. Mais quiconque a
gardé le souvenir marquant d'un
professeur sans ordre ni méthode,
mais particulièrement «inspirant»,
assez pour marquer toute une vie,
saura ce que Simone Weil voulait
dire. Elle-même n'était pas un
orateur brillant : un inspecteur
en novembre 1933 note que « sa
vue est très basse, sa voix molle,
son articulation peu distincte ;
elle parle sans accent et ne fait
guère qu'un seul geste (…) mais
l'intelligence active et tendue mord

sur l'auditoire[1]. » Ses élèves du Puy comme Gustave Thibon dans sa ferme en Ardèche et les dominicains de Marseille, comme les ouvriers des universités populaires et les syndicalistes de Roanne, tous ont été sensibles à son incomparable force de conviction, quelle que soit son expression, quelle que soit la validité de sa thèse.

Ses conseils sont simples et profonds. Elle écrit ainsi à une de

1. Simone Pétrement, *La Vie de Simone Weil*, I, 1909-1934, Fayard, 1973, p. 414.

ses anciennes élèves du Puy à l'au-
tomne 1934 : « dites-vous bien que
la première des règles est de bien
faire ce qu'on fait. Je n'entends
pas par là, vous pensez bien, que
vous devriez être une bonne petite
élève. Mais puisqu'on vous donne
des possibilités de vous instruire,
utilisez-les au maximum, à votre
manière (...) Ne vous donnez pas
la honte de sortir du lycée sans
avoir vraiment assimilé quelques
notions de mathématiques, de
physique, d'histoire (...). Pour

les sciences, ne vous laissez jamais persuader que vous comprenez ce que vous ne comprenez pas[1]. »

En mai 1942 Simone Weil quitte Marseille et embarque avec ses parents pour New York, via Casablanca fin d'y rejoindre son frère, le mathématicien, et avec le secret désir d'aller à Londres et de participer à la guerre, et sans avoir franchi le pas du baptême.

---

1. Simone Pétrement, *La Vie de Simone Weil*, I, 1909-1934, Fayard, 1973, p. 440.

À la même époque, au printemps 1942, Romain Rolland écrit une lettre au père Michel de Paillerets, un dominicain, pour lui indiquer, dans un esprit assez proche de celui de Simone Weil, d'absolue honnêteté intellectuelle, qu'il ne se sent pas, en conscience, prêt à franchir « le seuil de la dernière porte » de la conversion : « J'ai tout fait pour entrebâiller la porte de la perception directe de la foi chrétienne personnelle – telle que l'ont reçue mes compagnons Claudel et

Péguy. En vain. Il semblerait que ma destinée fût de recevoir et de transmettre la Lumière dans sa plénitude impersonnelle et cosmique, dans sa toute présence sans visage[1]. »

Jean LACOSTE

---

1. Romain Rolland, *Au seuil de la dernière porte. Correspondances et inédits (1936-1944)*. Édition de Bernard Duchatelet, Les Éditions du Cerf, 1989, p. 96.

Réflexions
sur le bon usage
des études scolaires
en vue de l'amour
de Dieu

La clef d'une conception chrétienne des études c'est que la prière est faite d'attention. C'est l'orientation vers Dieu, de toute l'attention dont l'âme est capable. La qualité de l'attention est pour beaucoup, dans la qualité de la prière. La chaleur du cœur ne peut pas y suppléer.

Seule la partie la plus haute de l'attention entre en contact avec Dieu, quand la prière est assez intense et pure pour qu'un tel contact s'établisse ; mais toute l'attention est tournée vers Dieu.

Les exercices scolaires développent, bien entendu, une partie moins élevée de l'attention. Néanmoins, ils sont pleinement efficaces pour accroître le pouvoir d'attention qui sera disponible au moment de la prière, à condition qu'on les exécute à cette fin et à cette fin, seulement.

Bien qu'aujourd'hui on semble l'ignorer, la formation de la faculté d'attention est le but véritable et presque l'unique intérêt des études. La plupart des exercices scolaires ont aussi un certain intérêt intrinsèque ; mais cet intérêt est secondaire. Tous les exercices qui font vraiment appel au pouvoir d'attention sont inté-ressants au même titre et presque également.

Les lycéens, les étudiants qui aiment Dieu ne devraient jamais dire : « Moi, j'aime les mathématiques », « Moi, j'aime le français, « Moi, j'aime le grec ». Ils doivent apprendre à aimer tout cela parce que tout cela fait croître cette attention, qui, orientée vers Dieu, est la substance même de la prière.

N'avoir ni don ni goût naturel pour la géométrie n'empêche pas la recherche d'un problème ou l'étude d'une démonstration de développer l'attention. C'est presque le contraire. C'est presque une circonstance favorable.

Même il importe peu qu'on réussisse à trouver la solution ou à saisir la démonstration, quoiqu'il faille vraiment s'efforcer d'y réussir. Jamais, en aucun cas, aucun effort d'attention véritable n'est perdu. Toujours il est pleinement efficace spirituellement, et par suite aussi, par surcroît, sur le plan inférieur de l'intelligence, car toute lumière spirituelle éclaire l'intelligence.

Si on cherche avec une véritable attention la solution d'un problème de géométrie et si, au bout d'une heure, on n'est pas plus avancé qu'en commençant, on a néanmoins avancé, durant chaque minute de cette heure, dans une autre dimension plus mystérieuse. Sans qu'on le sente, sans qu'on le sache, cet effort en apparence stérile et sans fruit a mis plus de lumière dans l'âme. Le fruit se retrouvera un jour, plus tard, dans la prière. Il se retrouvera sans doute aussi par surcroît dans un domaine quelconque de l'intelligence, peut-être tout à fait étranger à la mathématique. Peut-être un jour celui qui a donné cet effort inefficace sera-t-il capable de saisir plus directement, à cause de cet effort, la beauté d'un vers de Racine. Mais que le fruit de cet effort doive se retrouver dans la prière, cela est certain, cela ne fait aucun doute.

Les certitudes de cette espèce sont expérimentales. Mais si l'on n'y croit pas avant de les avoir éprouvées, si du moins on ne se conduit pas comme si on y croyait, on ne fera jamais l'expérience qui donne accès à de telles certitudes. Il y a là une espèce de contradiction. Il en est ainsi, à partir d'un certain niveau, pour toutes les connaissances utiles au progrès spirituel. Si on ne les adopte pas comme règle de conduite avant de les avoir vérifiées, si on n'y reste pas attaché pendant longtemps seulement par la foi, une foi d'abord ténébreuse et sans lumière, on ne les transformera jamais en certitudes. La foi est la condition indispensable.

Le meilleur soutien de la foi est la garantie que si l'on demande à son père du pain, il ne donne pas des pierres. En dehors même de toute croyance religieuse explicite, toutes les fois qu'un être humain accomplit un effort d'attention avec le seul désir de devenir plus apte à saisir la vérité, il acquiert cette aptitude plus grande, même si son effort n'a produit aucun fruit visible. Un conte esquimau explique ainsi l'origine de la lumière : « Le corbeau qui dans la nuit éternelle ne pouvait pas trouver de nourriture, désira la lumière, et la terre s'éclaira. » S'il y a vraiment désir, si l'objet du désir est vraiment la lumière, le désir de lumière produit la lumière. Il y a vraiment désir quand il y a effort d'attention. C'est vraiment la lumière qui est désirée si tout autre mobile est absent. Quand même les efforts d'attention resteraient en apparence stériles pendant des années, un jour une lumière exactement proportionnelle à ces efforts inondera l'âme. Chaque effort ajoute un peu d'or à ce trésor que rien au monde ne peut ravir. Les efforts inutiles accomplis par le Curé d'Ars, pendant de longues et douloureuses années, pour apprendre le latin, ont porté tous leurs fruits dans le discernement merveilleux par lequel il apercevait l'âme même des pénitents derrière leurs paroles et même derrière leur silence.

Il faut donc étudier sans aucun désir d'obtenir de bonnes notes, de réussir aux examens, d'obtenir aucun résultat scolaire, sans aucun égard aux goûts ni aux aptitudes naturelles, en s'appliquant pareillement à tous les exercices, dans la pensée qu'ils servent tous à former cette attention qui est la substance de la prière. Au moment où on s'applique à un exercice, il faut vouloir l'accomplir correctement ;

parce que cette volonté est indispensable pour qu'il y ait vraiment effort. Mais à travers ce but immédiat, l'intention profonde doit être dirigée uniquement vers l'accroissement du pouvoir d'attention en vue de la prière, comme lorsqu'on écrit on dessine la forme des lettres sur le papier, non pas en vue de cette forme, mais en vue de l'idée à exprimer.

Mettre dans les études cette intention seule à l'exclusion de toute autre est la première condition de leur bon usage spirituel. La seconde condition est de s'astreindre rigoureusement à regarder en face, à contempler avec attention, pendant longtemps, chaque exercice scolaire manqué, dans toute la laideur de sa médiocrité, sans se chercher aucune excuse, sans négliger aucune faute ni aucune correction du professeur, et en essayant de remonter à l'origine de chaque faute. La tentation est grande de faire le contraire, de glisser sur l'exercice corrigé, s'il est mauvais, un regard oblique, et de le cacher aussitôt. Presque tous font presque toujours ainsi. Il faut refuser cette tentation. Incidemment et par surcroît, rien n'est plus nécessaire au succès scolaire, car on travaille sans beaucoup progresser, quelque effort que l'on fasse, quand on répugne à accorder son attention aux fautes commises et aux corrections des professeurs.

Surtout la vertu d'humilité, trésor infiniment plus précieux que tout progrès scolaire, peut être acquise ainsi. À cet égard la contemplation de sa propre bêtise est plus utile peut-être même que celle du péché. La conscience du péché donne le sentiment qu'on est mauvais, et un certain orgueil y trouve parfois son compte. Quand on se contraint par violence à fixer le regard des yeux et celui de l'âme sur un exercice scolaire bêtement manqué, on sent avec une évidence irrésistible qu'on est quelque chose de médiocre. Il n'y a pas de connaissance plus désirable. Si l'on parvient à connaître cette vérité avec toute l'âme, on est établi solidement dans la véritable voie.

Si ces deux conditions sont parfaitement bien remplies, les études scolaires sont sans doute un chemin vers la sainteté aussi bon que tout autre.

Pour remplir la seconde il suffit de le vouloir. Il n'en est pas de même de la première. Pour faire vraiment attention, il faut savoir comment s'y prendre.

Le plus souvent on confond avec l'attention une espèce d'effort musculaire. Si on dit à des élèves : « Maintenant vous allez faire attention », on les voit froncer les sourcils, retenir la respiration, contracter les muscles. Si après deux minutes on leur demande à quoi ils ont fait attention, ils ne peuvent pas répondre. Ils n'ont fait attention à rien. Ils n'ont pas fait attention. Ils ont contracté leurs muscles.

On dépense souvent ce genre d'effort musculaire dans les études.

Comme il finit par fatiguer, on a l'impression qu'on a travaillé. C'est une illusion. La fatigue n'a aucun rapport avec le travail. Le travail est l'effort utile, qu'il soit fatigant ou non. Cette espèce d'effort musculaire dans l'étude est tout à fait stérile, même accompli avec bonne intention. Cette bonne intention est alors de celles qui pavent l'enfer. Des études ainsi menées peuvent quelquefois être bonnes scolairement, du point de vue des notes et des examens, mais c'est malgré l'effort et grâce aux dons naturels ; et de telles études sont toujours inutiles.

La volonté, celle qui au besoin fait serrer les dents et supporter la souffrance, est l'arme principale de l'apprenti dans le travail manuel. Mais contrairement à ce que l'on croit d'ordinaire, elle n'a presque aucune place dans l'étude. L'intelligence ne peut être menée que par le désir. Pour qu'il y ait désir, il faut qu'il y ait plaisir et joie. L'intelligence ne grandit et ne porte de fruits que dans la joie. La joie d'apprendre est aussi indispensable aux études que la respiration aux coureurs. Là où elle est absente, il n'y a pas d'étudiants, mais de pauvres caricatures d'apprentis qui au bout de leur apprentissage n'auront même pas de métier.

C'est ce rôle du désir dans l'étude qui permet d'en faire une préparation à la vie spirituelle. Car le désir, orienté vers Dieu, est la seule force capable de faire monter l'âme. Ou plutôt c'est Dieu seul qui vient saisir l'âme et la lève, mais le désir seul oblige Dieu à descendre. Il ne vient qu'à ceux qui lui demandent de venir; et ceux qui demandent souvent, longtemps, ardemment, Il ne peut pas s'empêcher de descendre vers eux.

L'attention est un effort, le plus grand des efforts peut-être, mais c'est un effort négatif. Par lui-même il ne comporte pas la fatigue. Quand la fatigue se fait sentir, l'attention n'est presque plus possible, à moins qu'on soit déjà bien exercé ; il vaut mieux alors s'abandonner, chercher une détente, puis un peu plus tard recommencer, se déprendre et se reprendre comme on inspire et expire.

Vingt minutes d'attention intense et sans fatigue valent infiniment mieux que trois heures de cette application aux sourcils froncés qui fait dire avec le sentiment du devoir accompli : « J'ai bien travaillé. »

Mais, malgré l'apparence, c'est aussi beaucoup plus difficile. Il y a quelque chose dans notre âme qui répugne à la véritable attention beaucoup plus violemment que la chair ne répugne à la fatigue. Ce quelque chose est beaucoup plus proche du mal que la chair. C'est pourquoi, toutes les fois qu'on fait vraiment attention, on détruit du mal en soi. Si on fait attention avec cette intention, un quart d'heure d'attention vaut beaucoup de bonnes œuvres.

De l'attention

L'attention consiste à suspendre sa pensée, à la laisser disponible, vide et pénétrable à l'objet, à maintenir en soi – même à proximité de la pensée, mais à un niveau inférieur, et sans contact avec elle –les diverses connaissances acquises qu'on est forcé d'utiliser. La pensée doit être, à toutes les pensées particulières et déjà formées, comme un homme sur une montagne qui, regardant devant lui, aperçoit en même temps sous lui, mais sans les regarder, beaucoup de forêts et de plaines. Et surtout la pensée doit être vide, en attente, ne rien chercher, mais être prête à recevoir dans sa vérité nue l'objet qui va y pénétrer.

Tous les contresens dans les versions, toutes les absurdités dans la solution des problèmes de géométrie, toutes les gaucheries du style et toutes les défectuosités de l'enchaînement des idées dans les devoirs de français, tout cela vient de ce que la pensée s'est précipitée hâtivement sur quelque chose, et

étant ainsi prématurément rem-
plie n'a plus été disponible pour
la vérité. La cause est toujours
qu'on a voulu être actif ; on a
voulu chercher. On peut vérifier
cela à chaque fois, pour chaque
faute, si l'on remonte à la racine.
Il n'y a pas de meilleur exercice
que cette vérification. Car cette
vérité est de celles auxquelles on
ne peut croire qu'en les éprou-
vant cent et mille fois. Il en
est ainsi de toutes les vérités
essentielles.

Les biens les plus précieux ne doivent pas être cherchés, mais attendus. Car l'homme ne peut pas les trouver par ses propres forces, et s'il se met à leur recherche, il trouvera à la place des faux biens dont il ne saura pas discerner la fausseté.

La solution d'un problème de géométrie n'est pas en elle-même un bien précieux, mais la même loi s'applique aussi à elle, car elle est l'image d'un bien précieux. Étant un petit fragment de vérité particulière, elle est une image pure de la Vérité unique, éternelle et vivante, cette Vérité qui a dit un jour d'une voix humaine : « Je suis la vérité. »

Pensé ainsi, tout exercice scolaire ressemble à un sacrement.

Il y a pour chaque exercice scolaire une manière spécifique d'attendre la vérité avec désir et sans se permettre de la chercher. Une manière de faire attention aux données d'un problème de géométrie sans en chercher la solution, aux mots d'un texte latin ou grec sans en chercher le sens, d'attendre, quand on écrit, que le mot juste vienne de lui-même se placer sous la plume en repoussant seulement les mots insuffisants.

Le premier devoir envers les écoliers et les étudiants est de leur faire connaître cette méthode, non pas seulement en général, mais dans la forme particulière qui se rapporte à chaque exercice. C'est le devoir, non seulement de leurs professeurs, mais aussi de

leurs guides spirituels. Et ceux-ci
doivent en plus mettre en pleine
lumière, dans une lumière éclatante, l'analogie entre l'attitude de
l'intelligence dans chacun de ces
exercices et la situation de l'âme
qui, la lampe bien garnie d'huile,
attend son époux avec confiance
et désir. Que chaque adolescent
aimant, pendant qu'il fait une version latine, souhaite devenir par
cette version un peu plus proche
de l'instant où il sera vraiment
cet esclave qui, pendant que son

maître est à une fête, veille et écoute près de la porte pour ouvrir dès qu'on frappe. Le maître alors installe l'esclave à table et lui sert lui-même à manger.

C'est seulement cette attente, cette attention qui peuvent obliger le maître à un tel excès de tendresse. Quand l'esclave s'est épuisé de fatigue aux champs, le maître à son retour, lui dit: «Prépare mon repas et sers-moi.» Et il le traite d'esclave inutile qui fait seulement ce qui lui est commandé. Certes il faut faire dans le domaine de l'action tout ce qui est commandé, au prix de n'importe quel degré d'effort, de fatigue et de souffrance, car celui qui désobéit n'aime pas. Mais après cela on n'est qu'un esclave inutile. C'est une condition de l'amour, mais elle ne suffit pas. Ce qui force le maître à se faire l'esclave de son esclave, à l'aimer, ce n'est rien de tout cela ; c'est encore moins une recherche que l'esclave aurait la témérité d'entreprendre de sa propre initiative ; c'est uniquement la veille, l'attente et l'attention.

Heureux donc ceux qui passent leur adolescence et leur jeunesse seulement à former ce pouvoir d'attention. Sans doute ils ne sont pas plus proches du bien que leurs frères qui travaillent dans les champs et les usines. Ils sont proches autrement. Les paysans, les ouvriers possèdent cette proximité de Dieu, d'une saveur incomparable, qui gît au fond de la pauvreté, de l'absence de considération sociale, et des souffrances longues et lentes. Mais si on considère les occupations en elles-mêmes, les études sont plus proches de Dieu, à cause de cette attention qui en est l'âme. Celui qui traverse les années d'étude sans développer en soi cette attention a perdu un grand trésor.

Ce n'est pas seulement l'amour de Dieu qui a pour substance l'attention. L'amour du prochain, dont nous savons que c'est le même amour, est fait de la même substance. Les malheureux n'ont pas besoin d'autre chose en ce monde que d'hommes capables de faire attention à eux. La capacité de faire attention à un malheureux est chose très rare, très difficile ; c'est presque un miracle ; c'est un miracle. Presque tous ceux qui croient avoir cette capacité ne l'ont pas. La chaleur, l'élan du cœur, la pitié n'y suffisent pas.

Dans la première légende du Graal, il est dit que le Graal, pierre miraculeuse qui, ayant la vertu de l'hostie consacrée, rassasie toute faim, appartient à quiconque dira le premier au gardien de la pierre, roi aux trois quarts paralysé par la plus douloureuse blessure : « Quel est ton tourment ? »

La plénitude de l'amour du prochain, c'est simplement d'être capable de lui demander : « Quel est ton tourment ? » C'est savoir que le malheureux existe, non pas comme unité dans une collection, non pas comme un exemplaire de la catégorie sociale étiquetée « malheureux », mais en tant qu'homme, exactement semblable à nous, qui a été un jour frappé et marqué d'une marque inimitable par le malheur. Pour cela, il est suffisant, mais indispensable, de savoir poser sur lui un certain regard.

Ce regard est d'abord un regard attentif, où l'âme se vide de tout contenu propre pour recevoir en elle-même l'être qu'elle regarde tel qu'il est, dans toute sa vérité. Seul en est capable celui qui est capable d'attention.

Ainsi il est vrai, quoique para-
doxal, qu'une version latine, un
problème de géométrie, même si
on les a manqués, pourvu seulement qu'on leur ait accordé l'espèce d'effort qui convient, peuvent
rendre mieux capable un jour, plus
tard, si l'occasion s'en présente, de
porter à un malheureux, à l'instant
de sa suprême détresse, exactement
le secours susceptible de sauver.

Pour un adolescent capable de
saisir cette vérité, et assez généreux
pour désirer ce fruit de préférence

à tout autre, les études auraient la plénitude de leur efficacité spirituelle en dehors même de toute croyance religieuse.

Les études scolaires sont un de ces champs qui enferment une perle pour laquelle cela vaut la peine de vendre tous ses biens, sans rien garder à soi, afin de pouvoir l'acheter.

Table

Imprimé en France par CPI
en juillet 2019

Mise en pages par DV Arts Graphiques
à La Rochelle

Dépôt légal : septembre 2018
N° d'impression : 154346